SACRÉ-COEUR
LOUVRE
TUILERIES
CENTRE POMPIDOU
NOTRE-DAME
LA CITÉ
PANTHÉON
Pigalle
Anvers
Barbès Rochechouart
La Chapelle
Gare du Nord
Gare de l'Est
Château Landon
Colonel Fabien
Bolivar
Buttes Chaumont
St. Georges
Poissonnière
Cadet
Le Peletier
Ch. d'Antin La Fayette
Havre Caumartin
Richelieu Drouot
Grds. Boulevards
Château d'Eau
Jacques Bonsergent
Belleville
Quatre Septembre
Bonne Nouvelle
Strasbourg St Denis
Bourse
Sentier
Réaumur Sébastopol
République
Goncourt
Temple
Arts et Métiers
Parmentier
Oberkampf
Filles du Calvaire
Rue St Maur
Pyramides
Les Halles
Louvre Rivoli
Rambuteau
St Sébastien Froissart
St Ambroise
Châtelet
Hôtel de Ville
Chemin Vert
Bréguet Sabin
Voltaire
Cité
St Michel
Odéon
Mabillon
Cluny
Maubert Mutualité
Bastille
Place de la Bastille
Sully Morland
Ledru Rollin
Cardinal Lemoine
Jussieu
Quai de la Rapée
Gare de Lyon
Gare d'Austerlitz
Boulevard Haussmann
Bd Montmartre
Bd Poissonnière
Boulevard St Martin
Boulevard de Magenta
Bd de Strasbourg
Bd de Sébastopol
Boulevard Beaumarchais
Bd des Filles du Calvaire
Av. de la République
Rue du Temple
Rue de Rivoli
Quai des Célestins
Seine
QUARTIER LATIN
ÎLE DE LA CITÉ
ÎLE ST LOUIS
Hôpital Lariboisière
Hôpital St Louis
Hôpital Fernand Widal
Opéra Bastille
Pl. des Vosges
Jardin des Plantes
Université Paris VI-VII
2
4
5
9
10
11

Dieses Buch gehört:

In dieser Reihe erschienen:

ISBN 978-3-8157-4070-5
(Band I)

ISBN 978-3-8157-4071-2
(Band II)

5 4 3 2 1
ISBN 978-3-8157-7008-5

Printed in China
www.coppenrath.de

Insa Bauer

In den Katakomben von Paris

Mit Illustrationen von Volker Fredrich

COPPENRATH

Inhalt

NAME Laura

ALTER elfeinhalb

M | **W** X

BESONDERE EIGENSCHAFTEN

Krimifan, ist zum Ärger ihres Bruders sehr bestimmend. Sie kann gut kombinieren und geschickt mit Menschen umgehen.

NAME Moritz

ALTER zwölfeinhalb

M X | **W**

BESONDERE EIGENSCHAFTEN

Hat immer alles dabei, was ein Detektiv braucht, ist empört, wenn Laura ihn nicht als großen Bruder anerkennt.

NAME	Marie
ALTER	elf
M / W ✗	

BESONDERE EIGENSCHAFTEN

Lauras beste Freundin, lieb, hilfsbereit, sehr vorsichtig, mag keinen Streit. Oft stellt sie die richtigen Fragen zur richtigen Zeit.

NAME	Alexander (Lexi)
ALTER	zwölf
M ✗ / W	

BESONDERE EIGENSCHAFTEN

Freund von Moritz, stiller und verträumter Bücherwurm mit gutem Gedächtnis. Er mag Geschichten und Geschichte.

1. Der Bärtige und ein geheimnisvolles Paket

„Boah! Der Typ mit dem Bart hat es aber eilig.“ Moritz zeigt aus dem Bürofenster seines Vaters. Die „4 City Agents“, Laura, Moritz, Marie und Alexander, schauen auf das Seineufer in Paris. „Habt ihr gesehen, wie er auf den Buchverkäufer zugerannt ist und ihm das Paket aufgedrängt hat?“

„Dabei will der es anscheinend gar nicht haben. Sieht aus, als würde er den Bärtigen anbrüllen.“ Laura schüttelt verwundert den Kopf. „Das ist ja seltsam.“

Gespannt beobachten die vier Freunde, wie der Bouquinist versucht, dem anderen den Karton zurückzugeben.

Als der Bärtige sich umdreht und weglaufen will, packt der Buchverkäufer ihn wütend am Arm.

Es kommt zu einem Handgemenge.

„Da! Eine Sirene. Ob die Polizei hinter dem Bärtigen her ist?“, fragt Alexander.

„Jetzt reißt er sich los und haut einfach ab!“, ruft

Marie aufgeregt. „Und der Bouqinist steht verdutzt mit dem Päckchen im Arm herum.“

„Was da wohl drin ist?“, möchte Laura gern wissen.

Alexander lacht. „Das ist doch nicht schwer zu raten, wenn ein flacher Karton an einem Bücherstand abgegeben wird.“
„Stimmt eigentlich“, meint auch Marie. „Aber warum guckt der Buchverkäufer dann so böse?“
Laura zuckt mit den Schultern. „Mal sehen, was er macht.“
„Jetzt legt er den Karton in seinen Stand. Hm, vielleicht sollten wir die Bücherbude unter die Lupe nehmen“, schlägt Moritz vor.
„Du sprichst schon wieder wie ein Detektiv“, sagt Marie.
Ihr Freund grinst. „Die ‚4 City Agents‘ sind eben immer im Einsatz. Es könnte ja auch sein, dass in dem Paket ein wertvolles Gemälde ist. Vielleicht hat der Mann mit dem Bart es auf der anderen Seite der Seine im Louvre gestohlen. Er ist über die Brücke gerannt und ...“
„Du spinnst.“ Laura tippt sich an die Stirn und schaut auf ihre Armbanduhr. „Eigentlich müsste Papa schon da sein. Er wollte uns doch um fünf hier in seinem Büro treffen.“
Doch statt Lauras Vater kommt eine große schlanke Dame mit kurzen dunklen Haaren herein. Sie lächelt den Kindern freundlich zu. „Bonjour. Ich bin Madame Bernard, die Assistentin von Herrn Bach. Er ist in einer Besprechung und kann leider noch nicht weg.“

Als Laura sich und die anderen vorstellen will, unterbricht Madame Bernard sie. „Lass mich bitte raten! Herr Bach hat mir schon so viel von euch erzählt. Du bist Laura, seine Tochter, das sind dein Bruder Moritz und eure Freunde Marie und Alexander. Ihr nennt euch die ‚4 City Agents' und habt schon knifflige Fälle in London und Amsterdam gelöst."
Verblüfft und ein bisschen verlegen nicken die vier.
Die Assistentin fragt: „Wie gefällt euch die Wohnung im zwölften Stock, die ich für euch als Hauptquartier ausgesucht habe?"

„Super!“, antwortet Laura. „Mama ist auch begeistert. Sie hat sogar ein eigenes Arbeitszimmer. Mama ist nämlich ...“

„Reisejournalistin! Sie schreibt an einem Bericht über Paris“, ergänzt Madame Bernard. „Ich habe extra eine Wohnung gewählt, die mitten im Zentrum liegt und genug Platz bietet, damit Frau Bach in Ruhe arbeiten kann.“

„Und eine tolle Aussicht hat man von da oben“, sagt Marie. „Wir können sogar den Eiffelturm sehen.“

„Der Blick von hier ist aber auch nicht schlecht.“ Laura zeigt auf die Seine und die Uferstraße. „Sind die Bouquinisten eigentlich immer dieselben? Kennen Sie sie?“

Madame Bernard schaut aus dem Fenster. „Die meisten haben ihre festen Plätze. Abends schließen sie ihre Holzstände ab und kommen morgens wieder. Ich kenne aber nur zwei von ihnen. Der eine ist heute nicht da und der da drüben mit dem grimmigen Blick und der dicken Brille, das ist Monsieur Clement. Er ist Wissenschaftler und schon seit vielen Jahren arbeitslos. Mit dem Verkauf gebrauchter Bücher verdient er sich ein bisschen Geld.“

Die Detektive zwinkern sich unauffällig zu. Jetzt wissen sie sogar schon den Namen des Buchverkäufers, dem sie einen Besuch abstatten wollen.

Alexander kann es kaum erwarten, in den Büchern herumzustöbern. „Wir sehen uns die Stände an, bis euer Vater Zeit hat", schlägt er vor.
Madame Bernard nickt. „Die Besprechung dauert bis sechs Uhr. Dann ist Herr Bach frei. Frau Bach weiß Bescheid."

„Die ist aber nett!", sagt Marie, als sie über die Straße zu dem Bücherstand von Monsieur Clement gehen.
Laura nickt. „Papa hat gesagt, dass sie die perfekte Assistentin ist: eine Deutsche, die schon viele Jahre in Paris lebt."
„Boah! Guck mal, Lexi! Das ist doch was für dich." Moritz zeigt seinem Freund eine Reihe von Büchern in deutscher Sprache zum Thema Geschichte.
Begeistert zieht Alexander ein Buch über die Französische Revolution heraus und ist bald so vertieft in den Text, dass er nichts anderes mehr hört oder sieht.
„Das Phantom der Oper gibt's auch", stellt Marie fest. „Aber leider nur auf Französisch."
Laura ist sofort Feuer und Flamme. „Das Musical haben wir in Hamburg gesehen. Es spielt zum Teil in den Katakomben unter der Pariser Oper. Ich fand das total spannend. Ob man die unterirdischen Gänge wohl besichtigen kann?"

„Frag einfach mal den Verkäufer. Du hast doch einen Franze-Kurs gemacht“, schlägt Marie vor.

Aber als Laura endlich mühsam ihre Frage auf Französisch zusammengebastelt hat, versteht Monsieur Clement sie nicht einmal. Er holt einen Stadtplan von Paris hervor und zeigt ihr den Weg zur Oper.

Laura bedankt sich höflich, ist jedoch ziemlich enttäuscht. „Wochenlang habe ich gebüffelt und dann versteht mich keiner“, mault sie.

Moritz hat inzwischen das Paket entdeckt. „Es liegt auf dem Hocker in der Bude. Guckt mal, ob ihr erkennen könnt, was draufsteht“, flüstert er.
So unauffällig wie möglich recken die Mädchen ihre Hälse. Laura rückt ihre Brille zurecht, die ihr wieder einmal vor Aufregung von der Nase gerutscht ist. Dann schüttelt sie den Kopf. „Die Schrift ist zu klein. Wenn einer den Verkäufer ablenken könnte ...“
Doch Monsieur Clement scheint Verdacht geschöpft zu haben. Plötzlich lässt er die Kinder nicht mehr aus den Augen. Durch seine dicken Brillengläser wirkt sein Blick unheimlich, irgendwie durchdringend.
„Der denkt wohl, wir wollen was stehlen“, flüstert Marie. „Kommt! Wir verschwinden lieber.“
„Los, Lexi! Raff dich!“ Moritz klopft seinem Freund auf die Schulter. „Trenn dich von der Schwarte oder kauf sie.“
Verwirrt schaut Alexander ihn an. „Was ist denn? Wollt ihr schon weiter?“
Moritz fasst sich an den Kopf. „Komm! Man misstraut uns“, sagt er leise.
Endlich bemerkt auch Alexander den forschenden Blick des Mannes. Schnell schließt er sich den anderen an.

„Und was ist mit dem Paket?“, will er wissen, als sie außer Hörweite sind.
„Das liegt auf einem Hocker“, antwortet Laura. „Also, ich denke, da ist was drin, was der Mann mit dem Bart gestohlen hat. Monsieur Clement ahnt oder weiß das, deshalb wollte er es auch nicht annehmen. Wahrscheinlich holt der Bärtige es später wieder ab.“
„Aber wir können doch nicht den ganzen Abend hierbleiben“, gibt Alexander zu bedenken.
„Nee“, meint Moritz. „Das wäre zu öde. Außerdem wollen wir um sechs bei Papa sein.“
Langsam schlendern sie weiter an der Uferstraße entlang. Dabei schauen sie immer wieder zu Monsieur Clement zurück. Jeden seiner Kunden beobachten sie aufmerksam.
„Alle ziemlich unverdächtig“, meint Alexander. „Aber hallo! Da kommt schon wieder jemand, dieses Mal eine junge Frau mit langen schwarzen Haaren.“
Aufgeregt schiebt Laura ihre Brille hoch. „Er gibt ihr das Paket. Los! Hinterher. Bestimmt führt sie uns zu dem Bärtigen. Passt auf, dass sie nichts merkt.“
Mit dem Paket unter dem Arm biegt die Frau zielstrebig um die Ecke.

„Ein Glück, dass sie sich nicht umschaut“, sagt Marie. „Jetzt will sie über die Straße.“
„Boah! Die geht bei Rot rüber“, stellt Moritz empört fest. „Aber das scheint in Paris wohl so üblich zu sein.“

2. Bedrohliche Pranken und ein leckeres Menü

Einige Straßen weiter bleibt die Frau vor einem Geschäftshaus stehen und kramt mit der freien Hand in der Jackentasche.

„Kosmetiksalon“, übersetzt Laura das Wort, das über dem Schaufenster steht. „Sie öffnet die Ladentür und schließt hinter sich wieder ab. Ob sie da arbeitet?“

„Vielleicht wohnt sie auch dort oder der Bärtige wohnt da und sie ist seine Freundin“, überlegt Moritz laut und guckt auf seine Armbanduhr. „Wir haben noch Zeit zu warten, ob sie wieder rauskommt.“

„Ich gehe mal näher ran.“ Laura nimmt Papier und einen Stift aus ihrem Detektivrucksack. Sie will die Adresse, den Namen an der Tür und die Öffnungszeiten aufschreiben. „Wenn jemand kommt, tue ich so, als wäre ich eine Kundin. Oder möchtest du rübergehen, Moppel?“

Moritz weiß, dass sie ihn mit dem Namen Moppel nur aufziehen will. Immer wieder nimmt er sich vor, nicht sauer zu

werden, doch auch dieses Mal wird er puterrot und knurrt seine Schwester an.
Marie, die Streit hasst, lenkt ihn schnell ab. „Einer von uns könnte morgen mal als Kunde oder Kundin reingehen."
„Moritz!", ruft Laura sofort und kichert. „Der kriegt von Parfümduft immer so lustige Niesanfälle."
„Ich meine das im Ernst", beharrt Marie. „Brauchst du nicht irgendwas zur Verschönerung?"
Die Gelegenheit zur Rache lässt Moritz sich nicht entgehen: „Wie wär's mit goldenen Schleifchen für deine Sauerkrautlocken und ein bisschen roter Farbe für die Bäckchen, verehrte Schwester?"
Zuerst guckt Laura grimmig, doch dann muss sie lachen. Sie knufft ihren Bruder am Arm. „Okay! Eins zu eins! Bin gleich zurück."
Laura läuft über die Straße zu dem Kosmetiksalon. Das Geschäft ist geschlossen. Sie schaut durch die Scheibe, kann aber niemanden sehen. „Perrier", murmelt sie, als sie den Namen vom Briefkasten abschreibt.
Alexanders Blick wandert inzwischen an der Fensterfront des schmalen hohen Hauses entlang. „Ich glaube, wir werden beobachtet. Los! Verschwinden wir lieber."

Die Kinder verstecken sich schnell in einem dunklen Hauseingang.

Plötzlich zuckt Moritz erschrocken zusammen. Er ist gegen etwas Weiches gestoßen. Lautes Rascheln und wütendes Grunzen lassen die drei erschrocken die Luft anhalten. Dennoch steigt ihnen ein strenger, säuerlicher Geruch in die Nasen.

Beim Zurückweichen nehmen sie eine Bewegung wahr. Eine riesige Gestalt torkelt bedrohlich mit ausgestreckten Pranken aus dem Dunkeln auf sie zu und greift nach ihnen.

Hals über Kopf flüchten Moritz, Alexander und Marie zurück auf den Bürgersteig, verfolgt von heiserem Geschimpfe. Sie sind froh, dass kein Auto kommt und sie gleich über die Straße zu Laura rennen können.

„Was ist denn mit euch los?“, fragt diese verblüfft. „Nennt ihr das unauffälliges Verhalten?“

„Jemand wollte ... da ... da ... drüben“, stammelt Marie und zeigt zu dem Hauseingang, aus dem sie geflohen sind.

Laura schüttelt ungläubig den Kopf. „Da ist doch gar nichts. Aber ihr seid ja weiß wie Bettlaken. Habt ihr ein Gespenst getroffen?“

Alexander, der sich als Erster beruhigt hat, erklärt ihr, was sie erlebt haben. „Wahrscheinlich war es nur einer, der in dem Eingang gepennt hat und sich gestört fühlte“, fügt er am Schluss hinzu.

Pünktlich um sechs Uhr stehen die Kinder wieder in Herrn Bachs Büro. Monsieur Clement hat sie zum Glück nicht beachtet, als sie an seinem Stand vorbeigegangen sind.
„Hallo! Schön, dass ihr da seid! Ich bin gerade fertig“, begrüßt Herr Bach sie fröhlich.
„Kommt Mama auch hierher?“, will Laura wissen.
Ihr Vater schüttelt den Kopf. „Wir treffen uns mit ihr vor der Kathedrale Notre-Dame, schauen uns dort ein bisschen um und gehen dann zum Essen. Ihr wisst ja, die Franzosen essen nicht so früh.“
„Können wir auch mal mit einem Boot auf der Seine fahren?“ Moritz zeigt zum Fluss, auf dem gerade ein Ausflugsboot mit Glasdach anlegt.

Notre-Dame de Paris gehört zu den bedeutensten Kathedralen von Frankreich

„Klar“, antwortet sein Vater. „Das machen wir später. Besonders schön ist es abends, wenn alles beleuchtet ist. Wir fahren um den ältesten Stadtteil von Paris, die Seineinsel Ile de la Cité herum bis zum Eiffelturm.“

Auf der Seineinsel **Ile de la Cité** liegt der Ursprung der Stadt Paris

Das Wahrzeichen von Paris: der 300 Meter hohe **Eiffelturm**

Das Menü ist für die vier Freunde ein richtiges Erlebnis. Als Vorspeise gibt es Weinbergschnecken in Knoblauchbutter. Jeder bekommt eine kleine Zange und eine spitze Gabel mit zwei Zacken.

„In die Zange klemmt man die Schneckengehäuse ein, dann kann man das Fleisch mit der Gabel aufpiksen und herausziehen.“ Herr Bach macht es ihnen vor.

Während Laura, Marie, Moritz und Alexander es ausprobieren, schießt Frau Bach schnell ein paar Fotos. „Das Schneckenessen setze ich in meinen Bericht.“

Laura gießt geschickt die Knoblauchbutter aus dem Gehäuse über ein Stück Baguette. Dann legt sie das Schneckenfleisch darauf. „Mmmh! Das schmeckt ja lecker!“

Moritz und Alexander machen es ihr nach.

Nur Marie traut sich nicht das Fleisch in den Mund zu stecken. „Tut mir leid“, entschuldigt sie sich bei ihren Gastgebern.

„Kein Problem. Es gibt auch noch etwas anderes“, tröstet Frau Bach sie. „Verhungern musst du nicht.“

Der nächste Gang ist so richtig nach Maries Geschmack. Zarte Hähnchenfilets mit einer Kräuterkruste und buntem Gemüse findet sie tausendmal besser als Schnecken.

Zum Nachtisch wird ihnen Crème Caramel serviert, eine lockere süße Vanillecreme mit einer Kruste aus Karamell.

„Können wir morgen wieder hierherkommen?“, fragt Moritz, der auch noch ein Stück Käse verputzt hat.

„Für morgen hat Madame Bernard schon einen Tisch auf einem der Restaurantschiffe für uns bestellt“, antwortet sein Vater. „Sie hat wirklich die besten Tipps. Ihr Mann führt ein Feinkostgeschäft in Versailles. Wenn wir das Versailler Schloss besuchen, können wir bei ihm vorbeischauen.“

„Kennst du ihn?“, fragt Laura.

„Ja, Madame und Monsieur Bernard haben mir bei meiner Ankunft zur Begrüßung einen Korb mit französischen Spezialitäten überreicht. Das war eine nette Überraschung.“

„Die Spezialitäten in meinem Bauch brauchen Bewegung“, sagt Frau Bach. „Lasst uns ein wenig bummeln und dann nach einem Boot Ausschau halten.“

3. Sandrine und der Mann namens Robert

„Um zehn öffnet der Kosmetiksalon“, sagt Laura am nächsten Morgen beim Frühstück.
Ihr Vater ist schon im Büro und ihre Mutter hat sich für ein paar Stunden abgemeldet, um weiter an ihrem Reisebericht zu schreiben.
Laura erzählt den anderen von ihrem Plan. Sie zeigt auf ihr Kinn. „Die Pickel hier ärgern mich schon lange. Ich geh mal in den Laden und versuche eine Creme dagegen zu bekommen. Bei der Gelegenheit gucke ich mich ein bisschen um.“
„Alles klar“, antwortet Alexander. „Wir warten draußen und halten die Augen offen.“

Bevor Laura den Kosmetiksalon betritt, schauen alle vier im Vorbeischlendern ganz unauffällig durch die große Fensterscheibe.
„Da ist sie“, flüstert Marie. „Die Frau von gestern in einem weißen Kittel. Sie arbeitet hier.“

„Na, dann los!" Laura geht auf die Tür zu und murmelt noch einmal die Frage auf Französisch vor sich hin, die sie im Laden stellen will.

Aber schon nach der Begrüßung sagt die junge Frau zu ihrer Überraschung: „Du bist Deutsche, stimmt's?"

Verblüfft nickt Laura.

„Ich heiße Sandrine Perrier. Ich freue mich immer, wenn ich Deutsch sprechen kann."

Auch Laura stellt sich vor und sagt bewundernd: „Sie sprechen sehr gut Deutsch."

„Ich habe ein Jahr als Kosmetikerin in Saarbrücken gearbeitet“, erklärt Sandrine. „Wie kann ich dir helfen?“
Laura ist froh, dass sie ihr Problem nun doch nicht auf Französisch schildern muss. „Ich habe so hässliche Pickel am Kinn. Können Sie mir einen Tipp geben, was ich dagegen tun kann?“
Die Kosmetikerin bittet Laura sich zum Licht zu drehen. Dann betrachtet sie ihre Haut durch eine Lupe. „Du hast eine Mischhaut. Das heißt, die Haut am Kinn und auf der Nase ist fettig, während deine Gesichtshaut sonst normal aussieht. Wenn du willst, kann ich dich in der Kabine behandeln. Ich habe gerade Zeit. Die nächste Kundin kommt erst um elf.“
Laura rückt ihre Brille zurecht und zögert, bevor sie fragt: „Was ... äh ... machen Sie, wenn Sie mich behandeln?“
Sandrine lacht. „Keine Angst. Es tut nicht weh. Ich reinige deine Haut mit Gurkensaftmilch und Gesichtswasser. Dann trage ich eine Kampfermaske auf, die ein paar Minuten einwirken muss. Danach nehme ich die Maske mit einem feuchten Tuch ab und verteile eine Feuchtigkeitscreme. Auf die Pickel kommt eine heilende Paste.“
„Mmmh.“ Laura überlegt und denkt an ihre Freunde, die draußen warten. „Was kostet das denn?“

„Heute ist es gratis“, antwortet Sandrine fröhlich. „Eine Probebehandlung, ein einmaliges Angebot für dich.“
Laura nickt. „Danke. Wenn das so ist, nehme ich es gern an.“
Erst als Laura der Kosmetikerin in die hinteren Räume folgt, fällt ihr wieder ein, weshalb sie eigentlich gekommen ist. Sie schaut sich im Flur um und entdeckt das geheimnisvolle Paket. Es lehnt an der Wand, halb verdeckt von einem Vorhang.

Während Sandrine Lauras Gesicht massiert, fragt die Detektivin sie ein bisschen aus. Sie erfährt, dass die junge Frau über dem Kosmetiksalon eine kleine Wohnung gemietet hat. „Meine Chefin besitzt noch einen sehr eleganten Salon an der Champs-Élysées mit fünf Angestellten. Hier bin ich die Einzige, nur wenn ich Urlaub habe oder krank bin, kommt eine Kollegin.“

Zwölf Straßen führen sternförmig zum **Arc de Triomphe.**
Eine davon ist die prächtige **Avenue des Champs-Élysées**

„Finden Sie es gut, immer allein im Geschäft zu sein?“, will Laura wissen.

Sandrine trägt ihr eine erfrischend riechende Creme auf. „Es gefällt mir, ganz selbstständig zu arbeiten und es ist auch nie langweilig. Meine Kundinnen sorgen für Abwechslung.“ Sie legt Laura zwei kühle feuchte Wattebäusche auf die Augen. „So, nun kannst du ein bisschen träumen. Ich komme gleich wieder.“

Aber Laura träumt nicht. Ihr Gehirn arbeitet auf Hochtouren. Viele Fragen wirbeln ihr durch den Kopf. Was hat Sandrine mit dem Paket zu tun? Hat sie es für jemanden abgeholt? Ist der Inhalt wirklich Diebesgut oder nur ein bestelltes Buch oder Bild?

Während die Kampfermaske angenehm auf ihrer Haut prickelt, überlegt Laura, ob die anderen schon ungeduldig geworden sind.

Moritz, Alexander und Marie wundern sich, dass Laura so lange in dem Kosmetiksalon bleibt.

„Was macht sie da bloß?“, grübelt Marie.

Moritz grinst. „Die lässt sich einen ganz neuen Kopf verpassen. Hoffentlich erkennen wir sie überhaupt, wenn sie rauskommt.“

„He, guckt mal! Da geht einer in den Laden. Mensch, das ist doch der Bärtige!“, ruft Alexander. „Der will bestimmt das Paket abholen.“

Um nicht aufzufallen, stellen die Detektive sich vor ein Schaufenster mit Spielwaren. In der Fensterscheibe spiegelt sich der gegenüberliegende Eingang zu dem Kosmetiksalon.

„Wenn der Bärtige wieder rauskommt, verfolge ich ihn“, sagt Moritz.

„Nimm Lexi mit“, schlägt Marie vor. „Ich warte hier auf Laura. Wer Neuigkeiten hat, ruft die anderen an.“

Inzwischen hört Laura aus ihrer Kabine, dass Sandrine im Verkaufsraum mit einem Mann spricht. Sie spitzt die Ohren, kann aber kein Wort verstehen. Der Tonfall ist so, als würde Sandrine dem Mann Vorwürfe machen und der sich verteidigen. Dann flüstern die beiden und Laura hört nur noch einzelne Laute. Am liebsten möchte sie aus dem Behandlungsstuhl aufstehen und um die Ecke gucken.

Ich könnte mir vorsichtig die Watte von den Augen nehmen und in den kleinen Flur schleichen, überlegt sie. Aber sie traut sich nicht, der Stuhl knarrt bei jeder Bewegung. Vielleicht kann ich wenigstens Marie anrufen, damit die drei draußen nichts übersehen.

Als Laura gerade ihr Handy aus der Tasche ziehen will, hört sie, dass der Mann weggeht.

„Adieu, Robert!“, ruft Sandrine ihm nach.

So, wie sie mit ihm geredet hat, ist er kein Kunde und auch kein Lieferant, eher ein guter Bekannter oder ein Freund, denkt Laura. Vielleicht hat er ja das Paket abgeholt. Ob sie weiß, was drinsteckt?

Sandrine kommt in die Kabine zurück und reißt Laura aus ihren Gedanken. „So, nun befreie ich dich von der Maske“, verspricht sie.

Laura überlegt, wie sie das Gespräch auf den Mann im Laden lenken kann. Aber Sandrine lässt sie nicht zu Wort kommen. Fröhlich berichtet sie von ihren Kundinnen. „Eine ist dabei, die plappert ununterbrochen, während ich sie behandle. Schon nach zehn Minuten weiß ich, wessen Katze verschwunden ist, wie frech die Tochter ihrer Nachbarin zu ihr war und welcher Schauspieler eine neue Flamme hat.“

Laura kichert. „Gibt es kein Schönheitspflaster für die Lippen?“

„Leider nicht. Aber die Idee ist super!“ Sandrine lacht begeistert. „Ich verteile jetzt eine leichte Feuchtigkeitscreme, die für deinen Hauttyp gut ist. Gleich gebe ich dir noch ein paar Proben mit. Die Pickelpaste trägst du am besten mehrmals täglich auf.“
„Danke.“ Laura blinzelt, als sie aus dem Behandlungsstuhl aufsteht. „Ganz schön hell hier. Kann ich noch kurz zur Toilette?“
„Klar, einfach den Flur lang und die letzte Tür links.“
Laura schaut als Erstes nach dem Paket, sie kann es aber nicht mehr entdecken. „Also hat der Mann, den Sandrine Robert nennt, es mitgenommen“, murmelt sie vor sich hin. Auf dem Weg zur Toilette fällt ihr nichts Verdächtiges auf. Es gibt einen zweiten Behandlungsraum und eine winzige Kochnische mit einer Kaffeemaschine und zwei großen Tassen. Alles ist aufgeräumt und blitzsauber.
Als Laura in den Verkaufsraum zurückkommt, hat Sandrine ihr schon die Proben herausgesucht. „Wenn du Lust hast, besuch mich mal wieder.“
„Danke, das ist nett“, sagt Laura höflich und steckt die kleinen Tuben ein. Dabei fällt eine herunter. Sie bückt sich und entdeckt einen gefalteten Zettel am Boden. Den muss Robert

verloren haben, schießt es ihr durch den Kopf. Wenn der vorhin schon dagelegen hätte, wäre mir das aufgefallen. Zuerst will sie ihn Sandrine geben, doch dann überlegt sie es sich anders. Unauffällig schiebt sie ihn in ihre Tasche und verabschiedet sich schnell.

4. Ein rätselhafter Zettel und eine Superidee

„Haben Moritz und Lexi den Typ verfolgt, der aus dem Salon gekommen ist?“, bestürmt Laura ihre Freundin, die an der Ecke auf sie gewartet hat. „Ich konnte ihn nur hören. Wie sah er aus?“

„Klar, die sind ihm auf den Fersen“, antwortet Marie. „Und stell dir vor, es ist der Bärtige! Als er rauskam, hatte er das Paket unter dem Arm. Lexi und Moritz melden sich, sobald es was Neues gibt.“

„Sandrine hat ihn Robert genannt“, erzählt Laura.

„Sandrine?“ Marie schaut sie fragend an und Laura berichtet ihr, was sie erfahren hat. Sie holt den Zettel aus ihrer Tasche. „Mmmh, was soll das denn bedeuten? Hier ist ein Kreuz, darunter steht: ‚libr. D. fünfundachtzig‘ und an vier Stellen sind verschiedene Buchstaben gekritzelt.“

„‚S.C., Pa, G.d.L.‘ und ‚Tro‘“, murmelt Marie. „Das könnten Abkürzungen sein. Aber wofür? Namen vielleicht? So auf die Schnelle fällt mir da nichts ein.“

In der Zwischenzeit verfolgen Moritz und Alexander den Bärtigen bis in die Metro. Sie steigen bei Anvers aus und erklimmen hinter ihm herschnaufend die vielen Treppen zur Sacré-Coeur.

„Hier waren wir doch am ersten Abend mit deinen Eltern", erinnert sich Alexander. „Will der Bärtige mit dem Paket in die Kirche?"

Moritz schüttelt den Kopf. „Er geht weiter. Boah! Ich weiß jetzt, wohin er will. Der Typ passt zu den Künstlern auf der Place du Tertre wie ein Fisch ins Wasser. Also doch! Er ist ein Bilderdieb!"

Die Kirche **Sacré-Coeur** liegt auf dem Montmartrehügel

Alexander knufft seinen Freund in die Seite. „Mensch! Du bist doch Detektiv und weißt, dass ein schlapper Verdacht nicht ausreicht, so etwas zu behaupten. Wir brauchen Beweise.“

Moritz stöhnt leise auf. „Schlapper Verdacht. Da siehst du es! Er geht auf einen Stand zu und verstaut sein Paket in einer Holzkiste.“

„Sieht aus, als wäre es sein eigener Stand“, meint Alexander. „Er ist einer von den Malern, die den Touristen Bilder verkaufen!“

Die Jungen sehen den Bärtigen mit seinem Kollegen am Nachbarstand reden und lachen. Dabei lehnt er einige Aquarelle von Paris gegen hölzerne Bilderstützen und legt einen großen weißen Block auf die Staffelei. Sein Blick schweift umher. Sucht er nach Kundschaft oder hält er nach einer bestimmten Person Ausschau?

„Willst du dich nicht zeichnen lassen?“, fragt Alexander seinen Freund.

Moritz tippt sich an die Stirn. „Du kannst dich da ja mit versteinertem Grinsen hinsetzen. Ich schlecke inzwischen ein leckeres Eis und hol dich wieder ab.“

„Und wer bezahlt das Kunstwerk?“, fragt Alexander.

Moritz zuckt mit den Schultern. „Dann eben nicht. Komm! Wir gehen ins Straßencafé da vorne und gönnen uns was. Von da aus können wir unseren Verdächtigen gut beobachten. Außerdem müssen wir Laura und Marie anrufen.“

Laura und Marie sitzen inzwischen auf einer Bank im Tuileriengarten mit Blick auf den Obelisken an der Place de la

Concorde. Sie rätseln gerade an den geheimnisvollen Buchstaben auf dem Zettel herum, als Lauras Handy klingelt.
„Nein, ich sehe immer noch nicht aus wie Heidi Klum“, hört Marie ihre Freundin ins Telefon sagen. „Wo steckt ihr denn jetzt? Seid ihr dem Bärtigen auf den Fersen geblieben? Er heißt übrigens Robert.“ Kurz erzählt Laura woher sie das weiß, und hört sich dann Moritz’ Geschichte an.
„Gut, wir sind in einer halben Stunde bei euch“, verspricht sie ihrem Bruder. „Place du Tertre, Metrostation Anvers und dann die Treppen zur Sacré-Coeur hoch. Bis dann.“
Marie breitet den Stadtplan auf ihrem Schoß aus, um zu sehen, wie sie fahren müssen. „Am besten gehen wir zur Metrostation Concorde. Dann fahren wir mit der Nummer zwölf bis Pigalle und steigen in die Zwei um. Bei Sacré-Coeur ...“, plötzlich tippt Marie aufgeregt mit dem Zeigefinger auf die Karte. „Laura! Fällt dir was auf?“
„Sacré-Coeur? Ja, da waren wir schon mal.“
„Das meine ich nicht. Sacré-Coeur, ‚S.C.‘, die Abkürzung auf dem Zettel!“
„Stimmt! Du bist ein Ass!“, Laura klopft ihrer Freundin anerkennend auf die Schulter. „Zeig mal her! Der Zettel könnte also ein Lageplan sein. Aber wofür?“

„Jetzt wird's spannend“, meint Marie, die es nun nicht mehr abwarten kann, auch die anderen Abkürzungen zu entschlüsseln.

„Das Kreuz hier unten in der Mitte ist vielleicht eine Adresse, die mit ‚libr. D. fünfundachtzig‘ abgekürzt ist. Warte mal!“ Eilig zupft Laura an den Schnürsenkeln ihrer Turnschuhe herum, bis sie sie herausgezogen hat.

„Die brauche ich, um sie über den Stadtplan zu spannen. Wir stellen uns jetzt vor, dass der Zettel von Robert ein Plan ist.“

Gebannt schaut Marie zu, wie Laura den Schnürsenkel mit einem Finger auf Sacré-Coeur drückt und in Richtung der Buchstaben „Pa“ zieht. „Was fängt denn da mit ‚Pa‘ an?“
„Panthéon!“, ruft Marie.
„Super! Halt mal beide Enden fest. Ich spanne jetzt den nächsten Schnürsenkel. Das ist ziemlich einfach. ‚G.d.L.‘, liegt ungefähr hier und heißt wahrscheinlich Gare de Lyon. Und nun schräg rüber zu ‚Tro‘. Was könnte mit ‚Tro‘ gemeint sein?“
Marie entdeckt es als Erste. „Trocadéro!“, ruft sie.
Laura hat keine Hand frei, um ihre Brille hochzuschieben, die ihr vor Aufregung wieder einmal von der Nase gerutscht ist. „Ich sehe nichts, meine Brille sitzt nicht richtig. Wo kreuzen sich die Fäden?“
Marie beugt sich ganz dicht über die winzige Schrift. „Das ist nicht so leicht zu erkennen. Auf jeden Fall irgendwo zwischen der Rue St. Germain und der Seine, die Gegend heißt Quartier Latin.“
„Alles klar, dann können wir die Schnürsenkel loslassen.“ Laura schiebt ihre Brille nach oben und guckt auf die Stelle, die Marie ihr zeigt. „Nichts, was so ähnlich wie ‚libr. D. fünfundachtzig‘ heißt, oder?“

„Ich kann jedenfalls nichts entdecken. Wir fahren mit der Metro hin und klappern die Gegend ab“, schlägt Marie vor. „Mit der Acht nach Süden bis Invalides und dann nach Osten mit der Linie C bis St. Michel.“

„Okay! Ich sage nur kurz Lexi und Moritz Bescheid, dass wir noch was rausfinden müssen und später kommen.“

Viele berühmte Persönlichkeiten wurden in der Krypta des **Panthéon** beigesetzt.

Der 3000 Jahre alte **Obelisk** auf der **Place de la Concorde** ist ein Geschenk aus Ägypten

5. Ein kauziger Buchhändler und wertvolle Bücher

Im Quartier Latin laufen Marie und Laura alle Straßen ab, die ungefähr infrage kommen. Bei den 80er-Hausnummern schauen sie auf die Namen der Geschäfte. Gibt es irgendeinen Namen, der die Buchstaben „libr D" enthält?

In einer kleinen Seitenstraße bleibt Laura plötzlich stehen und zupft Marie am Ärmel. „Guck mal! Die Buchhandlung da drüben: ‚librairie Diderot' steht auf dem Schild. Das passt doch genau."

„Die Hausnummer stimmt auch", stellt Marie fest.

Die beiden Detektivinnen sind enttäuscht. Sie hatten etwas viel Geheimnisvolleres als eine Buchhandlung erwartet.

„Komm! Wir sehen uns mal die Schaufenster an", schlägt Laura vor. „Vielleicht entdecken wir was. Links hängt ein Plakat vom Phantom der Oper. Da fallen mir wieder die Katakomben ein."

„Meinst du, dein Französisch reicht aus, um nach einem Buch über die Katakomben zu fragen?", will Marie wissen.

Laura denkt an ihren fehlgeschlagenen Versuch bei Monsieur Clement. „Ich kann es ja noch mal probieren.“

Zögernd betreten die beiden die Buchhandlung. Ein älterer untersetzter Mann mit Halbglatze und üppigem schwarzem Haarkranz steht auf einer Trittleiter vor einem Bücherregal.

„Der Laden ist ja total altmodisch“, sagt Laura leise.

„Und ziemlich vollgestopft“, flüstert Marie.

Von seinem Platz auf der Leiter ruft der Mann ihnen etwas zu, das sie nicht übersetzen können.

„Ich verstehe nicht“, antwortet Laura. „Je ne comprends pas.“
„Ah, oui. Vous êtes Alemands?“, fragt er.
Laura nickt schnell. „Oui.“ Zu Marie sagt sie: „Er hat gefragt, ob wir Deutsche sind.“
„Moment.“ Der Mann, von dem die Mädchen annehmen, dass er Monsieur Diderot ist, steigt vorsichtig die Leiter herunter. „Moment“, sagt er noch einmal und verschwindet um die Ecke.
Laura und Marie schauen sich an, zucken mit den Schultern und kichern.
„Witziger Typ“, meint Laura.
„Will er ein Wörterbuch holen?“, fragt Marie.
Aber er kommt nicht mit einem Wörterbuch zurück, sondern mit einer hageren Frau.
„Voila! Madame Diderot!“, stellt er sie vor und geht wieder zu seiner Leiter.
Madame Diderot mustert die Mädchen mit einem kurzen strengen Blick. Dann hellt sich ihr Gesicht auf. „Ich freue mich sehr. Deutsche Gäste!“ Mit einer schnellen Bewegung streicht sie sich die halblangen grauen Haare hinter die Ohren und klemmt sie dort fest.

Als Madame Diderot ihnen die Hand reicht, stellen sich Laura und Marie auch vor. „Wir sind in den Ferien hier“, erklärt Laura. „Und wir möchten gern einmal die Katakomben besichtigen. Gibt es ein Buch darüber?“
„Ja, wir haben drei Bücher über ‚les catacombes‘. Aber nicht auf Deutsch“, sagt die Buchhändlerin bedauernd.
„Dürfen wir uns die Bilder einmal anschauen?“, fragt Marie höflich.
„Naturelement. Setzt euch da hinten. Es gibt eine kleine Tisch. Ich bringe die Bücher.“
Die Mädchen sind beeindruckt.
„Die ist aber wirklich nett, auch wenn sie ein bisschen streng wirkt mit ihrer weißen Bluse und dem langen dunklen Rock“, meint Marie.
„Ein kauziges Paar in einem uralten Laden“, flüstert Laura begeistert. „Ich komme mir vor wie im Museum.“
Madame Diderot legt einen kleinen Stapel Bücher vor sie auf den Tisch. „Wenn Fragen, kein Problem“, sagt sie ermunternd und lächelt sie freundlich an.

Nachdem die beiden sich das dritte Buch angesehen haben, fragt Marie: „Bist du sicher, dass du in die Katakomben willst? Mich gruselt es schon, wenn ich auf den Fotos all die Totenköpfe und die vielen Knochen sehe, die dort aufgestapelt liegen.“
„Gebeine nennt man das.“ Mit Grabesstimme fügt Laura hinzu: „Und all das in eiskalter modriger Luft, zwanzig Meter unter der Erde.“

Plötzlich steht Madame Diderot neben ihnen. „Kinder dürfen nur mit Eltern in les catacombes“, erklärt sie. „Sind Eltern bei euch?“

Laura nickt. „Ich glaube schon. Mama will bestimmt darüber berichten."
Fragend schaut Madame Diderot sie an.
„Meine Mutter schreibt zurzeit einen Reisebericht über Paris und seine Sehenswürdigkeiten."
„Ah oui, verstehe." Die Buchhändlerin streicht erneut ihre Haare hinter das Ohr.
Laura und Marie stehen auf. „Sie haben uns sehr geholfen. Merci beaucoup! Au revoir."

Draußen sagt Laura: „Jetzt wissen wir immer noch nicht, warum diese Buchhandlung auf dem Zettel steht. Glaubst du, die haben besonders alte und wertvolle Bücher, die jemand stehlen will?"
„Kann schon sein", meint Marie. „Zum Beispiel der Bärtige. Der klaut ein ganz kostbares Buch und verkauft es heimlich für sehr viel Geld."
„Leidenschaftliche Sammler zahlen jeden Preis, habe ich mal in einem Krimi gelesen", fällt Laura ein. „Und sie gehen dafür über Leichen."
„Hör auf!" Marie hält sich die Ohren zu. „Und in diese schaurigen Katakomben will ich lieber doch nicht."

„Musst du ja auch nicht“, sagt Laura schnippisch.
Marie ist froh, dass im selben Augenblick ihr Handy klingelt und sie nicht weiter mit ihrer Freundin streiten muss.
„Wann kommt ihr denn endlich?“, fragt die Stimme am anderen Ende. „Wir mussten uns schon belegte Baguettes bestellen, damit sie uns hier nicht rausschmeißen.“
Marie lacht. „Dann habt ihr ja einen Grund gefunden, was zu futtern. Guten Appetit! Wir sind schon auf dem Weg.“

Alexander und Moritz haben ihre Baguettes gerade aufgegessen, als die Mädchen sich zu ihnen setzen.
„Während ihr hier faul herumgehangen und euch den Bauch vollstopft habt, haben wir herausgefunden, was die Zeichen auf dem Papier bedeuten.“ Laura hält den Jungen den Zettel unter die Nase und berichtet von ihren Nachforschungen.
Bei den Wörtern „uralte Buchhandlung“ wird Alexander hellhörig und seine Augen fangen an zu blitzen. „Da möchte ich auch mal hin.“
„Aber erst müssen wir unseren Künstler weiter beobachten“, gibt Moritz zu bedenken, dem der Platz in dem Straßencafé gut gefällt.
„Ist denn schon irgendwas passiert?“, will Marie wissen.

Alexander schüttelt den Kopf. „Er hat nur ein paar Touris gemalt und eins von seinen Aquarellen verkauft. Das Paket steckt noch in der Holzkiste.“

„Aber er scheint auf jemanden zu warten“, stellt Laura fest. „Immer wieder blickt er in die Runde, so als würde er eine bestimmte Person suchen. Da! Jetzt guckt er auf die Uhr.“

Die anderen nicken.

Moritz lässt den Bärtigen nicht aus den Augen. „Stimmt. Er wirkt plötzlich irgendwie unruhig.“

Als der Kellner kommt, bestellen sich Laura und Marie auch Baguettes und Cola.

„Wenn Robert weggeht, folgt ihr ihm und wir beobachten weiter den Platz“, schlägt Laura vor.

„Wieso wir?“, braust ihr Bruder auf. „Wieso sollen wir immer diesem bärtigen Affen hinterherlaufen? Meinst ...?“

Weiter kommt er nicht.

„Lass mal, ist schon okay.“ Beruhigend legt Alexander seinem Freund die Hand auf den Arm. „Wir sitzen hier schon ziemlich lange. Ich bin froh, wenn ich mich mal wieder bewegen kann.“

„Danke“, sagt Laura zu Alexander und funkelt Moritz wütend an.

Im selben Augenblick werden die Getränke und die Baguettes serviert.

„Jetzt merke ich erst, was für einen Hunger ich habe.“ Laura beißt herzhaft in das belegte Brot. Plötzlich fuchtelt sie so heftig mit der freien Hand herum, dass die anderen sie besorgt anschauen.

„Ba! Ba!“, stammelt sie mit vollem Mund. „Ber Bärbibe!“ Endlich verstehen ihre Freunde, was sie meint.

„Boah! Bei dem Bärtigen ist plötzlich ein Junge aufgetaucht“, übersetzt Moritz.

„Er gibt ihm das Paket!“, sagt Alexander. „Der haut damit ab. Los komm, Moritz! Hinterher!“

6. Unheimliche Begegnungen und in brenzliger Lage

„Wir müssen uns einprägen, wie der Typ aussieht, falls wir ihn mal aus den Augen verlieren“, sagt Alexander. „Blaue Jeans, schwarze Jacke, schwarze Mütze, darunter dunkle lockige Haare, fünfzehn oder sechzehn Jahre alt, mittelgroß.“
Moritz seufzt. „So sehen in Paris Tausende aus! Ob er ein Freund von dem Künstler ist?“
Alexander runzelt die Stirn. „Weiß nicht, vielleicht auch ein Botenjunge. Mann, hat der es eilig!“
Die beiden Detektive haben Mühe, dem Jungen in angemessenem Abstand zu folgen. Jedes Mal, wenn er abbiegt, blickt er prüfend um sich.
„Ob er gemerkt hat, dass wir hinter ihm her sind?“, fragt Alexander.
Moritz schüttelt den Kopf. „Glaube ich nicht. Ach du Schreck! Jetzt geht er auch noch in den Tunnel unter der Eisenbahn. Da erkennt man ihn mit den dunklen Klamotten ja noch schlechter.“

„Seltsam“, meint Alexander, als sie in der Unterführung sind. „Auf den Straßen ist so viel Betrieb, aber hierher verirrt sich kein Mensch.“

„Wundert dich das, so wie das stinkt?“ Moritz hält sich die Nase zu. „Und Lampen gibt es auch nicht! Los, schneller! Sonst verlieren wir ihn.“

Als sie wenig später wieder im Tageslicht ankommen, ist von dem Jungen weit und breit nichts mehr zu sehen. Stattdessen schlendert eine Gruppe düster wirkender Jugendlicher gemächlich auf sie zu.

Erschrocken bleiben Moritz und Alexander stehen.

„Was jetzt?“, flüstert Alexander. „Sollen wir einfach ganz cool an denen vorbeigehen?“

„Nee, wir hauen lieber ab. Die haben Flaschen in der Hand und grinsen so fies.“ Moritz kann ein leichtes Zittern in seiner Stimme nicht verbergen.

Damit es nicht nach Flucht aussieht, drehen sie sich langsam um und gehen durch die Unterführung zurück. Dennoch werden die Schritte der beiden immer schneller.

„Gleich haben wir es geschafft“, keucht Moritz.

Doch sobald sie auf der anderen Seite des Tunnels herauskommen, entdecken sie auch hier mehrere Jugendliche.

„Du, die warten auf uns“, flüstert Alexander. „Ich habe jetzt echt Angst. Was wollen die bloß?“
„Der eine telefoniert. Ich glaube, der Junge mit dem Paket hat seine Kumpel bestellt, damit sie uns aufhalten.“ Moritz versucht einen klaren Gedanken zu fassen. Aber es will ihm nicht gelingen.
„Aufhalten ist gut“, zischt Alexander. „Der Dicke da vorne hat gerade ein Messer ausgeklappt. Jetzt macht er sich damit die Fingernägel sauber.“ Plötzlich hat Alexander eine Idee: „Du! Ich habe dahinten eine Leiter gesehen. Vielleicht gibt es einen Notausgang. Komm! Wir drehen um.“ Schon ist er im Halbdunkel verschwunden.
Moritz stolpert hinter ihm her. Beim Anblick der rostigen Leiter durchfährt ihn jedoch ein neuer Schreck. „Du ... du willst doch nicht ...“, stammelt er.
„Uns bleibt nichts anderes übrig. Ich gehe zuerst. Wenn ich oben bin, kommst du sofort nach!“
Moritz ist es nicht gewohnt, dass sein Freund Befehle erteilt. Das kennt er eher von seiner Schwester und bei ihr macht es ihn jedes Mal wütend. Aber hier braust er nicht auf. Stumm wie ein Fisch steht er da und beobachtet, wie Alexander die verbogenen, rostigen Stufen hochklettert. Dabei lauscht er

ängstlich, ob die Jugendlichen ihnen gefolgt sind. Nähern sich da Schritte? Unsicher schaut er in beide Richtungen. Zu erkennen ist nichts. Trotzdem hat er das Gefühl, dass jeden Augenblick jemand auf ihn zuspringen könnte.

Wie aus weiter Ferne hört Moritz den gedämpften Straßenlärm der Großstadt. In diesem Moment wünscht er sich nichts mehr, als wieder mitten im Getümmel zu sein!
„Los, komm!“, hört er seinen Freund von oben rufen. „Hier geht's ins Freie.“
Erleichtert klettert Moritz ohne zu zögern die ersten Sprossen hoch. Er weiß, dass er um einiges schwerer ist als sein schlanker Freund. Deshalb testet er jede Stufe, bevor er sich mit seinem ganzen Gewicht draufstellt. Als er fast oben ist, hört er Stimmen aus dem Tunnel. Ein kurzer Blick nach unten bestätigt seine Befürchtung. Die Jugendlichen sind ihnen gefolgt. Vor Schreck vergisst Moritz jede Vorsicht. Plötzlich knirscht es unter seinem rechten Fuß, die Stufe bricht ein, während er das andere Bein schon für die nächste Stufe angewinkelt hat. Er verliert den Halt und kann sich nur noch mit den Händen an den rostigen Holmen festklammern. Durch die ruckartige Bewegung reißt der linke Holm aus der Verankerung und die Leiter dreht sich seitlich weg. Hilflos hängt Moritz da. Krampfhaft hält er sich an dem rostigen Metall fest, die raue Oberfläche bohrt sich in seine Handflächen. Alexander ruft ihm etwas zu, aber Moritz versteht nichts. Von unten hört er Gelächter. Tausend Gedanken

schwirren ihm durch den Kopf: „Die kriegen dich gleich ..., bald nicht mehr genug Kraft ..., Muskeln stärken ..., wenn ich es schaffe ...“

Plötzlich erinnert er sich daran, wie er in der Grundschule an einem Tau hinaufklettern musste. So versucht er es wieder: Beine anziehen, mit den Füßen den Holm umklammern wie ein Affe und sich hochstemmen. Mit den Händen abwechselnd höher greifen und die Füße nachziehen. Endlich findet er wieder Halt.

Und dann hört er Alexander von oben. „Gut gemacht! Gib mir die Hand, gleich hast du es geschafft!“

Langsam gelingt es Moritz, sich noch ein Stück weiter nach oben zu schieben und die ausgestreckte Hand seines Freundes zu fassen. Wenig später kriecht er ins Freie.

Beide Jungen sitzen zuerst ganz still da. Sie sind völlig erschöpft.

„Tut mir leid“, sagt Alexander dann leise. „Die Idee war wohl Mist.“

„Besser als diesen unheimlichen Typen in die Hände zu fallen. Wie die dagestanden und gegrinst haben. Mir läuft es jetzt noch kalt den Rücken runter.“ Moritz schaut sich um. „Wo sind wir hier eigentlich? Sieht aus wie ein Park.“

„Ja, ein Minipark neben der Eisenbahnlinie. Lass uns verduften. Den Botenjungen finden wir sowieso nicht wieder. Wir gehen jetzt zu Laura und Marie zurück und ich gebe ein Eis aus“, schlägt Alexander vor.

Kunst und Kitsch und viele Touristen auf der **Place du Tertre**

„Erzähl du“, bittet Moritz seinen Freund, als sie wieder in dem Straßencafé an der Place du Tertre sitzen. „Ich geh mir erst mal die Hände waschen.“

Besorgt gucken Laura und Marie die beiden an, deren Kleidung und Hände von Rostflecken übersät sind. Sie spüren, dass ihnen nicht nach Scherzen zumute ist. Deshalb schluckt Laura alle flapsigen Bemerkungen herunter, die ihr auf der Zunge liegen.

Entsetzt hören die Mädchen, was die beiden erlebt haben.
„Das hätte echt schiefgehen können“, beendet Alexander seinen Bericht.
Marie und Laura nicken geschockt.
„Wir lassen den Fall sausen. Wahrscheinlich ist er sowieso nichts für uns“, schlägt Marie vor.
„Heute rühre ich jedenfalls keinen Finger mehr“, ist Alexander sich sicher.
Laura guckt zur Uhr. „Denkt dran, dass wir uns um sechs wieder mit unseren Eltern treffen. Was sagen wir ihnen wegen der Rostflecken?“
„Bis dahin ist noch eine Stunde Zeit. Wir können in die Wohnung fahren, uns umziehen und die fleckigen Sachen bei einer Reinigung abgeben.“ Alexander guckt Laura an. „Allerdings brauchen wir dann mal wieder deine Sprachkenntnisse.“
„Welche Sprachkenntnisse?“, fragt Laura. „Bonjour! Merci! Au revoir!?“

7. Der Bote und die Unterwelt

Am nächsten Morgen sind die „4 City Agents“ allein in der Wohnung. Von den Ereignissen am Tag zuvor und von einem ausgiebigen und köstlichen Abendessen waren sie ziemlich erschöpft und haben lange geschlafen.

Als sie gegen zehn aufstehen, regnet es in Strömen. Auf dem Frühstückstisch liegt ein Brief von Frau Bach: „Hallo, Ihr Langschläfer! Wollen wir uns heute Mittag in einem Bistro zu einem kleinen Imbiss treffen? Ich rufe euch vorher an. Dann können wir uns verabreden, wenn ihr Lust habt. Liebe Grüße!“ Anstelle einer Unterschrift hat Frau Bach ein Herz gemalt.

„Was machen wir bis dahin?“, fragt Laura gähnend.

„Frühstücken“, antwortet Moritz prompt.

„Und danach Karten spielen“, schlägt Marie vor.

„Lesen“, meldet sich Alexander.

„Ist schon klar.“ Laura grinst. „Also spielen wir drei nach dem Frühstück Karten und du liest.“

Aber Alexander schüttelt den Kopf. „Ich dachte eigentlich an die besondere Buchhandlung, von der ihr gestern erzählt habt. Dort würde ich gern ein bisschen herumstöbern."
„Okay", sagt Moritz. „Aber nur, wenn ich nicht wieder irgendwelche vergammelten Leitern hochklettern muss."
Marie holt den Stadtplan und sucht den Weg heraus. „Am besten fahren wir mit der Metro, aber Regenjacken brauchen wir trotzdem."

Alexander betritt als Erster die Buchhandlung. Begeistert schaut er in die vielen kleinen verwinkelten Räume mit den vollgestopften Regalen aus glänzendem dunklem Holz. „Ah, dieser Duft!" Der Bücherwurm Lexi schnuppert voller Genuss. „Papier, Holz, Leder, Möbelpolitur", zählt er auf.
Die anderen lachen und schauen sich nach dem Buchhändler und seiner Frau um. Da kommt Madame Diderot auch schon um die Ecke. „Bonjour, mes amis!", ruft sie ihnen entgegen. „Guten Tag, meine Freunde."
Die Kinder fühlen sich geschmeichelt. „Bonjour, Madame", sagen alle höflich.
Laura stellt die Jungen vor und erzählt, dass Alexander eine echte Leseratte sei.

Madame Diderot zeigt in die Runde. „Schaut euch gern um. Wer Bücher liebt, ist herzlich willkommen.“
Alexander nickt zufrieden und lässt sich gleich in den Raum mit Büchern über die französische Geschichte führen.
Moritz grinst. „Wie ich Lexi kenne, sehen wir ihn so schnell nicht wieder.“

Der Raum, in dem Alexander in ein Buch vertieft sitzt, hat ein kleines Fenster zum Hof, der von mehreren umliegenden Häusern eingerahmt ist. Zwei vertrocknete Palmen in großen Blumentöpfen, einige überquellende Müllcontainer und viele leere Holzpaletten stehen dort.
Alexander wirft einen Blick nach draußen, da sieht er plötzlich eine dunkle Gestalt in den Innenhof kommen. Er traut seinen Augen nicht, kneift sie zu und guckt noch einmal hin.
„Doch! Er ist es“, murmelt er vor sich hin. „Der Botenjunge, der uns gestern entwischt ist.“
Eigentlich wollte er mit diesem Fall nichts mehr zu tun haben, aber nun erwacht sein detektivischer Instinkt aufs Neue. Gespannt verfolgt er mit den Augen den Weg des Jungen, bis dieser in einem Kellereingang verschwindet.
Alexander denkt nach. Soll er den anderen Bescheid sagen?

Aber in der Zwischenzeit könnte der Junge wieder herauskommen. Vorsichtig versucht er das Fenster zu öffnen. Es geht ganz leicht und fast geräuschlos auf.
Im nächsten Moment steht er im Hof und zieht das Fenster so weit hinter sich zu, dass er es später unbemerkt wieder aufdrücken kann. Er will nur kurz nachschauen, was sich in dem Kellereingang verbirgt.
Der Detektiv schleicht hinter den Containern entlang, eine Steintreppe hinunter bis zu einer grauen Metalltür. Langsam drückt er den Griff nach unten. Zu seiner Überraschung ist die Tür nicht verschlossen. Er öffnet sie einen Spaltbreit und zwängt sich hinein.
Im Dämmerlicht erkennt er eine weitere Steintreppe, die steil nach unten führt. Das schummrige Licht kommt von einer Kette mit einzelnen winzigen Glühbirnen, die über mehreren Haken an der Wand entlanghängt.
Langsam steigt Alexander die Stufen hinunter und steht plötzlich in einem Gewölbe, von dem vier Gänge in unterschiedliche Richtungen abzweigen.
Ich kehre besser um, denkt er. Doch dann siegt die Neugier. In einen der Gänge führen die Lämpchen. Dort hinein will er nur noch einen kurzen Blick werfen.

Doch es bleibt nicht bei einem Blick. Das Licht scheint ihn magisch anzuziehen und er folgt ihm zögernd, jederzeit bereit zurückzulaufen.
Vielleicht war mit der Adresse auf dem Zettel nicht die Buchhandlung selber, sondern diese Unterwelt gemeint?, überlegt er. Dann wissen nur ganz bestimmte Leute, was sich noch hinter dieser Anschrift verbirgt. Und diese Leute gehen nicht in die Buchhandlung, sondern in den Hof und durch die Metalltür.
In seine Gedanken hinein drängt sich plötzlich ein entferntes Geräusch. Es hört sich an wie regelmäßiges Stampfen und erinnert ihn an einen Presslufthammer. Wird in den Gängen gearbeitet? Oder dröhnt Maschinenlärm von der Straße bis nach hier unten?

Er wagt sich noch etwas weiter vor. Mit jedem Schritt wird das Geräusch lauter. Und dann ist da noch etwas! Stimmen! Mehrere Männerstimmen von vorne. Sie werden deutlicher. Schnell weg!

Als Alexander zurück zum Ausgang rennt, ist sein einziger Gedanke: Hoffentlich kommt mir keiner entgegen!

Er hat Glück. Ohne Hindernis gelangt er zu der Metalltür, öffnet sie vorsichtig und späht in den Hof. Als er niemanden entdeckt, schleicht er zurück zu dem Fenster. Wenig später ist er wieder an seinem Platz. Wahrscheinlich hat keiner seine Abwesenheit bemerkt.

So schnell wie möglich will Alexander seinen Freunden von der Entdeckung erzählen. Er schaut um die Ecke und gibt Moritz ein Zeichen.

„Du willst doch nicht schon gehen?“ Moritz kann es kaum glauben. Sonst ist sein Freund nur mit Mühe aus einer Buchhandlung zu locken.

8. Ein Geistesblitz und ein tollkühner Plan

Draußen schaut Alexander als Erstes, ob eine Baustelle in der Nähe ist. „Nichts! Keine Bauarbeiten weit und breit", murmelt er.

„Was ist denn mit dir los?", will Moritz endlich wissen. Auch Marie und Laura sehen ihn fragend an.

Da sprudelt es aus ihm heraus und er erzählt in allen Einzelheiten, was er erlebt hat.

Laura schiebt ihre Brille zurecht. „Waren das die berühmten Katakomben?", will sie wissen.

Alexander zuckt mit den Schultern. „Vielleicht ein Teil davon. Ganz Paris soll ja unterhöhlt sein."

„Wir müssen unbedingt Mama fragen, ob sie mit uns diese unterirdischen Gänge besichtigt", meint Moritz. „Vielleicht finden wir dann raus, was das für ein Geräusch war."

Beim Mittagessen in einem Bistro ist es Laura, die das Thema anschneidet. „Gehst du mit uns in die Katakomben?"

Ihre Mutter tupft bedächtig die Soße mit einem Stück Brot von ihrem Teller. Bevor sie es in den Mund steckt, antwortet sie: „Ja, die Pariser Unterwelt möchte ich sowieso in meinen Bericht aufnehmen. Wollt ihr denn wirklich da runter?"
Laura, Moritz und Alexander nicken eifrig, während Marie wortlos auf ihren Teller guckt.
„Der Einstieg ist in der Nähe des Friedhofs Montparnasse an der Place Denfert-Rochereau. Eine enge Wendeltreppe führt etwa zwanzig Meter tief unter die Erde. Dort lagern die Knochen von mehr als sechs Millionen Menschen."
„Boah!", ruft Moritz. „Das muss ja eklig aussehen."
„Die sind aber alle schön sortiert", sagt Alexander grinsend.
Laura blättert in dem Reiseführer, der auf dem Tisch liegt.
„Hier steht, dass es in dem riesigen unterirdischen Gangsystem sogar Straßennamen gibt."
„Wenn ihr wollt, können wir morgen dort hingehen", schlägt Frau Bach vor. „Jetzt muss ich leider los. Ich habe ein Interview mit einer Musikgruppe am Arc de Triomphe. Hoffentlich hört der Regen bald auf."

Die vier Detektive schlendern durch das Kaufhaus Lafayette und zerbrechen sich die Köpfe über Alexanders Erlebnis.

Eine riesige Auswahl bietet das elegante Kaufhaus **Galeries Lafayette**

„Ich bin echt gespannt auf die Besichtigung“, sagt Alexander. „Schade, dass es heute nicht mehr klappt.“

Marie hat eine Idee. „Wir gucken mal in der Fernsehabteilung, ob es eine DVD über die Katakomben gibt.“

Einen Film über die Katakomben finden sie nicht. Also vertreiben sie sich die Zeit damit, die unterschiedlichen Programme in den laufenden Fernsehgeräten anzuschauen. Marie hält sich die Ohren zu. „Wenn die doch wenigstens den Ton abstellen würden.“

Plötzlich lauscht Alexander aufmerksam. „Da! Das ist es! Das Geräusch aus den Gängen!“ Nacheinander betrachtet er

die Bildschirme und versucht den Ton einem der Bilder zuzuordnen.

„Hier!“ Alexander bleibt stehen und zeigt auf den Monitor genau vor ihm. „Da werden Zeitungen gedruckt!“

„Bist du sicher, dass es sich so angehört hat?“, fragt Laura. Ihr Freund nickt. „Genau so.“

„Druckerei passt doch auch gut zu einer Buchhandlung“, meint Moritz.

„Aber warum gibt es dann kein Firmenschild?“, will Marie wissen.

„Da ist was faul.“ Alexander runzelt die Stirn. „Die Tür im Innenhof liegt ziemlich versteckt. Bestimmt ist das nur für besondere Kunden. Aber was drucken die da wohl? Geht es um verbotene Zeitungen, irgendwas Politisches?“

„Oder es werden besonders wertvolle alte Bücher nachgedruckt und als Originale verkauft“, vermutet Laura. „Das bringt bestimmt jede Menge Kohle.“

„Meint ihr denn, Madame und Monsieur Diderot verkaufen gefälschte Bücher?“ Marie kann sich das überhaupt nicht vorstellen.

Alexander schüttelt den Kopf. „Die wissen wahrscheinlich gar nichts von den Gängen unter ihrem Laden.“

Plötzlich rutscht Laura wieder die Brille von der Nase.

Die anderen ahnen schon, weshalb sie so aufgeregt ist. Sie hat eine Idee. „Wir schleichen uns da rein“, sagt sie. „Nur so können wir das Rätsel lösen!“

Moritz nickt begeistert. „Klar! Wir schnappen uns unsere Detektivausrüstung und lassen uns von Lexi führen."

„Ja, toll!", knurrt sein Freund. „Und wie? Der Laden hat bis sechzehn Uhr geschlossen."

„Uns wird schon was einfallen", meint Laura.

9. Auf Dächern und in dunklen Höhlen

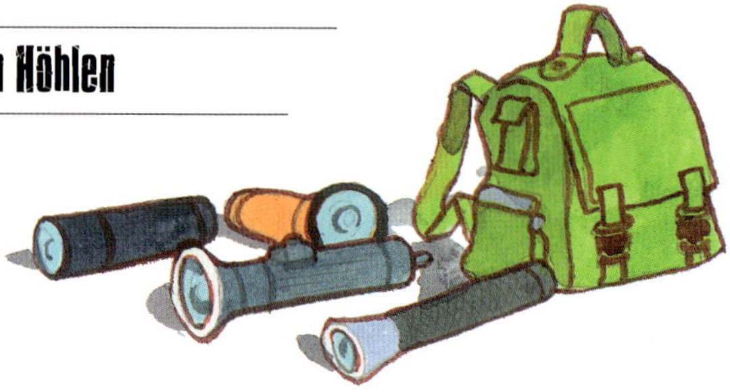

„Stimmt, die machen Mittagspause", stellt Moritz fest, als die „4 City Agents" vor der Buchhandlung Diderot stehen. Er trägt den Rucksack mit der Detektivausrüstung. Jeder der vier hat außerdem eine Taschenlampe mitgenommen. Sie haben sich Turnschuhe und warme Kleidung angezogen.

„Dann müssen wir eben hinten rum", schlägt Laura vor. Sie geht an einer Bäckerei vorbei und entdeckt einen Weg zwischen den Häusern. „Wie wär's damit?"

Der Weg leitet sie jedoch nicht wie erwartet in den Innenhof, sondern zu einem Lieferanteneingang der Bäckerei.

„Da ist eine schmale Treppe." Marie zeigt auf steile Stufen aus rotem Backstein, die jedoch nicht nach unten, sondern nach oben führen.

„Ich guck mal, ob wir da weiterkommen." Alexander nimmt zwei Stufen auf einmal. Von oben winkt er ihnen zu.

„Ich sehe den Innenhof, aber dazwischen ist das Dach eines Anbaus. Zum Glück ist es nicht hoch", flüstert er, als die anderen in seiner Nähe sind. „Da können wir locker rüberklettern."

Die Detektive nicken. Das ist zu schaffen, auch wenn Moritz etwas schwerfällig und Marie ziemlich ängstlich ist.

Als Erster krabbelt Alexander auf allen vieren bis zum Dachfirst und späht auf der anderen Seite nach unten. Alles ist ruhig, niemand ist zu sehen. Er gibt seinen Freunden ein Zeichen, ihm zu folgen. Dann lässt er sich vorsichtig auf der anderen Seite hinabrutschen und springt in den Hof.

Kurz danach landen Laura, Moritz und Marie neben ihm.

„Schnell! Verstecken!", flüstert Laura. „Wir müssen sicher sein, dass uns keiner beobachtet." Nachdem sie kurz zu den Fenstern hochgeschaut hat, gibt sie grünes Licht.

„Alles klar!"

Moritz knurrt, weil seine Schwester wieder einmal Befehle erteilt, sagt jedoch nichts.
„Da hinten ist die Tür“, flüstert Alexander und schleicht wie am Vormittag hinter den Müllcontainern entlang. Er hofft, dass die Metalltür auch dieses Mal nicht abgeschlossen ist.
Die Tür lässt sich sofort öffnen. „Kein Wunder, das Schloss ist kaputt“, murmelt er.
Das war ihm vorher nicht aufgefallen. Angespannt lauschend steigen die „4 City Agents“ die steile Steintreppe hinunter, bis sie in dem Gewölbe stehen.
Moritz entfährt ein leises „Boah!“, Laura schiebt ihre Brille zurecht und Marie zittert vor Aufregung und Kälte.
Nur Alexander geht zielstrebig voran. Er braucht nicht einmal seine Taschenlampe, die kleinen Glühbirnen an den Wänden zeigen ihm auch dieses Mal den Weg.
„Hört ihr was?“, fragt er plötzlich und legt den Zeigefinger auf die Lippen.
Die anderen nicken. Langsam schleichen sie weiter. Das Geräusch wird lauter und lauter, es hallt durch den Gang.
Dann endet die Beleuchtung und der Weg führt ins Dunkle.
Alexander entdeckt eine schmale Abzweigung. „Wartet hier!“ Er leuchtet den Boden ab und geht ein paar Schritte

weit hinein. „Ein gutes Versteck“, flüstert er, als er zurückkommt. „Dahinter liegen zwei Höhlen, eine große und eine sehr kleine. Kommt! Die untersuchen wir mal.“

In dem Gewölbe schnuppert Marie. „Ich finde, es duftet irgendwie lecker. Ob wir unter der Bäckerei sind? Aber wie kommt der Duft hier rein?“

Da riechen die anderen es auch. Mit ihren Taschenlampen leuchten sie die Decken und alle Nischen der beiden Höhlen genau aus.

„Ich glaube, der Duft zieht durch diesen Spalt.“ Marie zeigt auf die linke Wand der kleinen Höhle. „Da, wo das Brett zwischen den Steinen ist.“

Aufgeregt kommt Moritz aus dem großen Gewölbe zu ihnen. „Es gibt noch eine Metalltür, gut getarnt in der hintersten Nische“, flüstert er.

„Schnell! Macht das Licht aus!“, zischt Laura. „Im Gang ist jemand.“

Angespannt lauschen alle und hören auf einmal mehrere Männerstimmen, die langsam lauter werden. Dann scheinen die Männer im Gang stehen geblieben zu sein.

„Damit können wir unseren Fluchtweg vergessen“, fürchtet Moritz. „Was jetzt?“

„Wie war das mit der Tür in der großen Höhle? Kommen wir da weiter?“, will Laura wissen.
Moritz schüttelt den Kopf. „Das ist so eine Tür ohne Griff, die von selber zufällt und nur mit einem Schlüssel zu öffnen ist.“
„Sicherheitsschloss?“, fragt Laura.
„Normales Schloss“, antwortet Moritz.
Laura lacht und zeigt auf den Rucksack. „Wozu haben wir denn unsere Detektivausrüstung?“
Wenn es nicht so dunkel wäre, könnten die anderen sehen, wie blass Marie wird. „Du ... du willst doch nicht ...?“
„Doch“, antwortet Laura fest entschlossen und kramt in dem Rucksack herum. Eine Sammlung von Schlüsseln kommt zum Vorschein. „Und wenn die nicht passen, nehme ich den hier.“ Sie hält einen Dietrich in der Hand. „Sobald ich die Tür geöffnet habe, folgt ihr mir.“
„Ich nicht“, sagt Marie mit zitternder Stimme. „Ich bleibe hier und warte auf euch.“
„Okay.“ Laura streichelt Marie am Arm. Sie weiß, dass ihre Freundin Angst hat. „In fünf Minuten sind wir wieder da.“
Die Schlüssel passen alle nicht. Aber nach mehreren Versuchen gelingt es Laura, die Tür mit dem Dietrich zu öffnen.

Das Stampfen der Maschinen ist nun ganz nah zu hören.
„Los, kommt!"
Sobald die Detektive sich ein Bild von der Umgebung gemacht haben, huschen sie einen weiteren Gang entlang. Die Beleuchtung ist hier so spärlich, dass sie kaum den Boden vor sich erkennen. Sie sind froh über jede Nische, in der sie sich verstecken können.
„Da vorne wird es heller", flüstert Alexander. Er schiebt sich an Laura vorbei und tastet sich vorwärts. In wenigen Sekunden werden sie das Rätsel lösen!

Marie duckt sich in eine Ecke und beißt die Zähne zusammen. Ihr ist kalt und sie hat Angst. Ob ihr Handy hier unten ein Netz findet? Dann könnte sie im Notfall telefonieren. Sie schaut kurz auf das Display und erschrickt. Nichts. Kein Empfang! „Laura, Moritz und Lexi wollten nach fünf Minuten zurück sein!“, murmelt sie und schaut auf ihre Uhr. Schon mehr als zehn Minuten hockt sie allein in der Dunkelheit. Wenn bloß nichts passiert ist!

Um die endlos scheinende Wartezeit zu verkürzen, träumt Marie sich in die Bäckerei. Angeregt durch den Duft, der aus der Nische strömt, kauft sie in Gedanken Brot ein. Sie überlegt, welche französischen Bezeichnungen sie kennt: Baguette, croissant, pain für Brot und petit pain für Brötchen. Da schießt ihr eine Idee so blitzschnell in den Kopf, dass sie aufspringt und sich an der Schulter stößt.

Das Holzbrett in der Nische! Vielleicht kann ich es bewegen und mich durchquetschen, denkt sie und reibt sich die Schulter. So wie das riecht, gibt es eine Verbindung zur Bäckerei. Ihre Begeisterung wird ein bisschen durch die Sorge gedämpft, dass sich in der Bäckerei trotz Mittagspause jemand aufhalten könnte. Aber sie schiebt den Gedanken weg und packt das Brett mit beiden Händen. Schon nach dem ersten Ruck bewegt es sich leicht. Aber mehr passiert nicht. So verzweifelt Marie auch zieht, es klemmt zwischen den Steinen fest, mehr als ihre Hand passt nicht hindurch. Dann eben drücken, beschließt sie und stemmt sich mit aller

Kraft gegen das Holz. Krachend bricht es nach hinten weg und gibt eine schmale Öffnung frei. Marie lauscht. Alles bleibt still.

Erleichtert stellt sie sich seitlich vor den offenen Spalt und setzt vorsichtig ein Bein hindurch. Könnte passen. Dann zwängt sie sich weiter, hält die Luft an, zieht das andere Bein nach – und hat es geschafft!

Weil alles still ist, wagt Marie es, ihre Taschenlampe zu benutzen. Sie steht in einem Vorratsraum, an der Wand und auf Sackkarren lehnen prall gefüllte Säcke mit auf Französisch beschrifteten Etiketten.

Aber die Vorräte der Bäckerei interessieren Marie nicht. Sie schaut sich um und entdeckt eine steile Treppe, an deren Ende etwas Tageslicht schimmert. Schnell beginnt sie die Stufen hochzusteigen. Kurz darauf steht sie in der Backstube, gleich daneben liegt der Verkaufsraum.

Bei dem verlockenden Anblick von Brot, Kuchen, Keksen und Pralinen vergisst Marie, was sie eigentlich vorhat. Sie genießt den Duft und den Anblick der Leckereien. Besonders die kleinen Kunstwerke aus Schokolade haben es ihr angetan. Immer wieder wandern ihre Augen zu dem Teller mit den Pralinen. Daneben steht der Stückpreis: fünfzig Cent.

Marie kramt in ihrer Hosentasche und nimmt einen Euro heraus. Den legt sie auf den Tresen und wählt sorgfältig zwei Pralinen aus. Sie beißt etwas von der ersten ab und lutscht genussvoll, bevor sie sich die restliche Praline auf die Zunge legt. „Mmmh! Trüffel."

Plötzlich fällt ihr Blick auf eine große Uhr neben der Tür. „Viertel vor vier, die Mittagspause ist gleich zu Ende!", stellt sie erschrocken fest. „Ich muss verschwinden!"

Gegen ihre Gewohnheit stopft sie die zweite Praline ganz in den Mund. Auf dem Weg zur Tür schmeckt sie Krokant. Aber wichtiger ist, dass sie schnell aus dem Laden kommt.

Marie macht sich Vorwürfe, als sie an der verschlossenen Ladentür rüttelt. Ist doch klar, dass die ihr Geschäft abschließen. Dann fällt ihr der Lieferanteneingang ein und sie läuft in die Backstube zurück. Erleichtert entdeckt sie einen Schlüssel an der Wand neben der Tür. Doch plötzlich hört sie hinter sich ein fauchendes Geräusch.

10. Stampfende Maschinen und ein schneller Zugriff

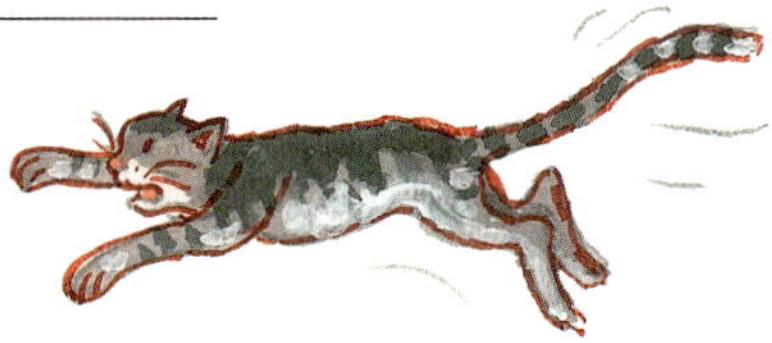

„Eine kleine Druckerei, wie wir vermutet haben", flüstert Alexander den anderen zu. Sie stehen hinter einem Steinvorsprung und beobachten die regelmäßig arbeitenden Druckmaschinen. Zwei Männer kontrollieren die Arbeit, legen Papierrollen ein und betrachten die bedruckten Blätter, die von einem Fließband rollen.

Jemand, den die Detektive nicht sehen können, ruft den Arbeitern etwas zu. Sie lachen und scheinen guter Laune zu sein.

Moritz hat inzwischen sein Fernglas aus dem Rucksack genommen. „Ich bin gespannt, was die da drucken", flüstert er. Im nächsten Moment lässt er vor Aufregung fast das Fernglas fallen. „Boah! Das gibt's doch gar nicht. Ich glaube, ich spinne!"

Laura schnappt sich das Glas. Es dauert ziemlich lange, bis sie es an Alexander weiterreicht. „Darauf wäre ich nicht gekommen."

Ihr Freund ist erst einmal sprachlos. „Blüten!“, stammelt er dann. „Ich fass es nicht! Die drucken hier Falschgeld!“

„Aber was hat der Bärtige damit zu tun?“, fragt Moritz.

„Der stellt wohl die Druckplatten her“, vermutet Alexander. „Ich habe mal gelesen, dass nur ein echter Künstler richtig gute Vorlagen für Falschgeld entwerfen kann.“

„Wahrscheinlich waren sie in dem Paket. Aber jetzt verschwinden wir lieber. Wir müssen die Polizei benachrichtigen“, sagt Laura.
Ungehindert kommen die drei Detektive zu den beiden Höhlen zurück. Laura läuft sofort um die Ecke, um Marie zu holen. Doch sie findet ihre Freundin nicht. „Marie ist weg!“, sagt sie vor Schreck ziemlich laut.
„Dann ist sie bestimmt schon im Innenhof und wartet auf uns“, versucht Moritz seine Schwester zu beruhigen.
Ohne zu zögern rennen sie Richtung Ausgang. Doch plötzlich kommen ihnen mehrere Personen entgegen. Wie erstarrt bleiben sie stehen.
„Mist! Jetzt sitzen wir in der Falle“, flüstert Laura.

Fauchend springt eine schwarzweiße Katze auf Marie zu und huscht dann aus der geöffneten Tür. Marie folgt ihr mit klopfendem Herzen und schließt die Tür von außen wieder ab. Den Schlüssel wirft sie durch den Briefschlitz.

Kaum hat sie die Straße erreicht, ruft sie Frau Bach an. Sie berichtet, was sie erlebt hat, und dass Laura, Moritz und Alexander in Gefahr sein könnten. Dann gibt sie ihr die Adresse durch.
„Bleib auf jeden Fall, wo du bist. Ich komme, so schnell ich kann.“

Wenig später hält ein weißer Pkw an der Straßenecke. Marie erkennt Frau Bach, die auf sie zuläuft, und hinter ihr eine junge Frau mit kurzen blonden Haaren.
„Das ist Commissaire Lefèvre“, stellt Frau Bach die Frau vor. „Bitte, Marie! Zeig uns den Weg.“
Aufgeregt, aber viel sicherer als beim ersten Mal, klettert Marie über das Dach und schleicht hinter den Müllcontainern entlang durch den Innenhof. Sie hält die Metalltür auf und lässt die Polizistin und Frau Bach vorgehen. „Immer den Lichtern nach“, sagt sie.
Die beiden Frauen flüstern auf Französisch, dann bittet Frau Bach Marie, hinter ihnen zu bleiben.
Als Marie eilige Schritte von vorne hört, ist sie froh, dass die Polizistin bei ihnen ist. Mehrere Personen kommen ihnen entgegen!

Und bevor sie überhaupt versteht, was geschieht, stürmen die Personen auf sie los. Jemand greift nach ihr und umarmt sie. „Mensch, Marie! Ein Glück! Ihr seid das! Ich habe gedacht, da kommen uns ein paar Ganoven entgegen, und wir sitzen in der Falle!“, sagt Laura so leise wie möglich.

Nachdem Laura, Moritz und Alexander abwechselnd das Wichtigste erzählt haben und Frau Bach es übersetzt hat, gehen sie zurück zum Ausgang und in den Innenhof.
Die Detektive sind ein wenig enttäuscht. Zu gerne hätten sie der Polizistin noch die Druckerei und die Verbrecher gezeigt. „Commissaire Lefèvre fordert erst Verstärkung an“, erklärt Frau Bach und nimmt die Kinder der Reihe nach in den Arm. „Wie gut, dass euch nichts passiert ist!“

Mit mehreren Polizisten steigt die Kommissarin kurz darauf in die Unterwelt hinab. Gespannt und ungeduldig warten Frau Bach und die Detektive im Hof.

„Was duftet denn hier so gut?“, fragt Frau Bach schnuppernd.
Da erzählt Marie ihnen von ihrem Besuch in der Bäckerei, von den Pralinen und der Katze.
„Wenn das alles vorbei ist, können wir uns ja ein wenig stärken“, schlägt Frau Bach vor. „Obwohl ich euch eigentlich nicht belohnen, sondern einsperren sollte“, sagt sie mit strengem Gesicht.
Bevor die Kinder etwas erwidern können, wird die Metalltür geöffnet. Nach Commissaire Lefèvre treten vier Personen in Handschellen und mit ihnen drei Polizisten in den Hof.

Die Detektive trauen ihren Augen nicht: Zwei der Männer sind die Arbeiter, die sie in der Druckerei gesehen hatten. Der dritte Mann ist Monsieur Diderot und ihm folgt mit versteinertem Blick Madame Diderot. Auch als sie die Kinder bemerkt, bleibt ihr Gesicht verschlossen.

Ein paar Tage später verlassen die Detektive und Frau Bach nach ausführlichen Vernehmungen das Polizeipräsidium. Sie haben erfahren, dass die schöne alte Buchhandlung nur eine Tarnung ist.
„Bücher, Bilder und seit einigen Monaten auch Falschgeld wurden in dem Gewölbe gedruckt und über ein weites Netz von Verbrechern verteilt", erklärt Frau Bach. „Madame und Monsieur Diderot waren der Kopf der Bande. Zuerst haben sie es mit Hundert-Euro-Scheinen versucht. Aber so große Scheine werden öfter kontrolliert als kleinere. Als der Hersteller der Druckvorlagen nicht mehr mitmachen wollte, brauchten sie schnell einen neuen Künstler, der Druckplatten für kleinere Scheine herstellte."
„Robert", sagt Laura.
„Ein Foto, das Moritz auf der Place du Tertre geschossen hatte, brachte die Polizei schnell auf die Spur des Bärtigen.

Er wurde verhört und hat sofort alles zugegeben“, erzählt Frau Bach weiter.

„Es war sein erster Auftrag. Er war unsicher und hatte ein ziemlich schlechtes Gewissen. Aber er brauchte dringend Geld. Seine Schwester Sandrine, von der ihr mir erzählt habt, wusste von alledem nichts. Sie hat nur auf seine Bitte hin das Paket für ihn abgeholt.“

Die Detektive, besonders Laura, sind sehr froh darüber.

„Der Bouquinist, Monsieur Clement, war ebenfalls ahnungslos. Er kennt Robert Perrier schon lange und hat ihm eigentlich kein Verbrechen zugetraut.“

„Warum hat er sich dann gewehrt das Paket anzunehmen?“, fragt Laura.

„Er hat ausgesagt, dass dauernd Leute Sachen bei ihm abstellen wollen. Und es gibt sowieso kaum Platz in seinem winzigen Stand.“

Marie legt ihren Kopf an Lauras Schulter. „Das war ein anstrengender Tag!“

„Wollt ihr morgen trotzdem noch in die Katakomben?“, fragt Frau Bach.

„Klar!“, ruft Laura.

„Logo!“, bestätigt Moritz und Alexander nickt.

„Ohne mich.“ Marie überrascht die andern, als sie sagt: „Ich gehe lieber ins Centre Pompidou und schaue mir dort die Moderne Kunst an. Die wollte ich immer schon mal sehen.“

Das **Centre Pompidou** wird auch „Kulturfabrik“ genannt

Liebe „4 City Agents"-Fans,

steht ihr gerade am Anfang eines neuen Falls und wisst noch nicht, ob die von euch verdächtigte Person wirklich etwas im Schilde führt? Um das herauszufinden, müsst ihr sie genau beobachten. Dabei ist es natürlich wichtig, nicht ertappt zu werden. Hier ein paar Tipps, die euch helfen können:

Wie ihr am wenigsten auffallt:

- Zieht euch unscheinbar an. Das heißt: keine knalligen Farben, da diese sofort ins Auge stechen.
- Eure Kleidung sollte der Umgebung angepasst sein. Wenn ihr jemanden auf dem Fußballplatz beobachtet, tragt was Sportliches.

Wenn ihr dicker oder größer aussehen möchtet, damit man euch nicht so schnell wiedererkennen kann, dann müsst ihr Folgendes machen:

- Um dicker zu wirken, bindet euch ein Kissen um den Bauch und zieht einen viel zu großen Pullover an.
- Möchtet ihr größer erscheinen, rollt ein Handtuch ein und legt es um Nacken und Schultern. Dann natürlich auch einen Pulli drüberziehen.

So verbergt ihr euer Gesicht:

- Wenn ihr eine Kappe oder Mütze aufhabt, seht ihr gleich ganz anders aus.
- Hinter einer Sonnenbrille könnt ihr gut eure Augen verstecken. Ein Hut tut es aber auch. Er wirft einen Schatten auf eure Augen und niemand kann sehen, wohin ihr schaut.
- Damit ihr nicht an eurer Frisur erkannt werdet, probiert einfach mal eine neue aus. Lasst die Haare offen, macht euch einen Zopf. Wenn ihr eure Haare normalerweise strubbelig tragt, dann kämmt sie glatt.

Sucht euch ein gutes Versteck:

- Damit derjenige, den ihr beobachtet, euch nicht entdeckt, haltet immer genügend Abstand oder sucht euch ein gutes Versteck: hinter einem Auto, einem Baum oder einer Bank.
- Wenn ihr kein gutes Versteck findet, könnt ihr so tun, als ob ihr euch mit etwas völlig anderem beschäftigt: eine Zeitschrift lesen, etwas vom Boden aufheben, Schaufenster angucken. Es wäre auch möglich, jemanden mitzunehmen und so zu tun, als würdet ihr euch zum Beispiel unterhalten oder Karten spielen.
  In Wirklichkeit lasst ihr die verdächtige Person aber nicht aus den Augen.

Und nun viel Spaß und viel Erfolg. Und vergesst nicht: Bringt euch niemals in Gefahr! Und wenn ihr Zeugen einer kriminellen Tat werdet, informiert sofort die Polizei!

Na dann, bis bald.

Laura *Marie* *Moritz* *Lexi*

4 CITY AGENTS

Insa Bauer **4 City Agents**

Der Erpresser von London

Ein geheimnisvoller Erpresserbrief fällt Laura, Moritz, Marie und Lexi in einem Londoner Bus in die Hände. Sie setzen sich mit Scotland Yard in Verbindung und erfahren von weiteren Drohbriefen. Kurzentschlossen nehmen die vier Freunde selbst die Ermittlungen auf und haben schon bald eine heiße Spur. Eine aufregende Verfolgungsjagd durch London beginnt. Können die „4 City Agents" den Fall lösen oder haben sie sich auf eine falsche Fährte locken lassen?

96 Seiten, mit herausnehmbarem Stadtpan und vielen farbigen Illustrationen
ISBN 978-3-8157-4070-5

Dunkle Schatten in Amsterdam

Eine rücksichtslose Bande von Bootsdieben treibt in den Grachten von Amsterdam ihr Unwesen. Laura, Marie und Moritz nehmen ihre Spur auf, während Lexi mit einem gebrochenen Fuß zu Hause sitzt. Je länger die drei Juniordetektive ermitteln, desto größer wird der Kreis der Verdächtigen. Wird es ihnen gelingen, die gerissenen Gauner zu überführen?

96 Seiten, mit herausnehmbarem Stadtpan und vielen farbigen Illustrationen
ISBN 978-3-8157-4071-2

Thomas Brezina **Kolumbus und du**

In der Reihe „Kolumbus und du" verknüpft Thomas Brezina spielerisch Wissen und Information mit spannend und prägnant geschriebenen Abenteuern.

Das Amulett des Pharao

Steig in Kolumbus, das Forscher-Schwimm-Fahr-Flugzeug, und reise mit Miki, Tino-T-Rex und ihrer Ratte Zik ins Alte Ägypten! Löse das Geheimnis rund um das Amulett des Pharao und erforsche das Leben der alten Ägypter.

128 Seiten, mit vielen farbigen Illustrationen
ISBN 978-3-8157-3515-2

Der Schatz des Schwarzen Hais

Steig in Kolumbus, das Forscher-Schwimm-Fahr-Flugzeug und rette Delfine! Mach dich auf die Suche nach dem Schatz des Schwarzen Hais, löse das Rätsel der geheimnisvollen Schatzkarte und erforsche die Geheimnisse des Meeres.

144 Seiten, mit vielen farbigen Illustrationen
ISBN 978-3-8157-3514-5

Der Geisterritter von Bärenfels

Ein Ausflug zur Burg Bärenfels sorgt für große Aufregung. Schon kurz nach der Ankunft verschwindet Mikis und Tinos Vater spurlos. Aber seine Hilferufe hallen wie Geisterstimmen durch die Gemäuer. Was ist geschehen?

128 Seiten, mit vielen farbigen Illustrationen
ISBN 978-3-8157-7880-7

WAGRAM
CHAILLOT
ST GERMA
17
8
7
ARC DE TRIOMPHE
CHAMPS-ÉLYSÉES
PLACE DE LA CONCORDE
TROCADÉRO
TOUR EIFFEL
Seine
L. Michel
Porte de Champerret
Pte de Champ.
Pereire
Wagram
Malesherbes
Villiers
Rome
La Fourche
Pl. de Cl
Monceau
Courcelles
Liège
Europe
St Lazare
Gare St Lazare
St Augustin
Miromesnil
Ternes
Porte Maillot
Ch. de Gaulle Étoile
Place Charles de Gaulle
George V
Franklin D. Roosevelt
Rond Point des Champs Elysées
Champs Elysées Clemenceau
Concorde
Place de la Concorde
Jardin des Tuileries
Kléber
Victor Hugo
Boissière
Iéna
Alma Marceau
Pl. de l'Alma
Trocadéro
Place du Trocadéro et du 11 Novembre
Passy
Bir Hakeim
Invalides
Assemblée Nationale
Solférino
Varenne
La Tour Maubourg
Ecole Militaire
Rue du Bac
Sèvres Babylone
St-F. Xavier
Dupleix
La Motte Picquet Grenelle
Av. É. Zola
Charles Michels
Commerce
Cambronne
Ségur
Sèvres Lecourbe
Duroc
Vaneau
St Placide
Falguière
Avenue Foch
Avenue de la Grande Armée
Avenue des Champs Élysées
Avenue Montaigne
Avenue Kléber
Avenue d'Iéna
Boulevard de Courcelles
Boulevard Malesherbes
Boulevard Haussmann
Boulevard des Batignolles
Avenue de Villiers
Avenue de Wagram
Quai Branly
Boulevard de Grenelle
Avenue de Suffren
Avenue de la Motte Picquet
Avenue de Tourville
Boulevard des Invalides
Esplanade des Invalides
Hôtel des Invalides
Musée de l'Armée
Église du Dôme
Palais Bourbon
Palais de Chaillot
Palais des Congrès
Grand Palais
Petit Palais
Palais de la Découverte
Musée d'Orsay
Musée de l'Orangerie
Champ de Mars
École Militaire
Pl. de Fontenoy
U.N.E.S.C.O.
Pl. de Breteuil
Parc Monceau
Pl. Vauban
Pl. de la Concorde